W0048347

Ein Dutzend verdichtete deutsche Heimatsagen

1. Auflage, erschienen 9-2020

Umschlaggestaltung: Romeon Verlag
Autor: Frank Strehle
Illustrationen: Enola Bagi
Layout: Romeon Verlag

ISBN: 978-3-96229-184-6

www.romeon-verlag.de
Copyright © Romeon Verlag, Kaarst

Bibliografische Information der Deutschen Nationalbibliothek:
Die Deutsche Nationalbibliothek verzeichnet diese Publikation in der Deutschen Nationalbibliografie; detaillierte bibliografische Daten sind im Internet über *http://dnb.dnb.de* abrufbar.

Ein Dutzend verdichtete deutsche Heimatsagen

Von Frank Strehle
mit Illustrationen von Enola Bagi

Inhalt

Vorwort

Schon als Kinder hatte uns die bezaubernde Welt der Sagen fasziniert. Mit Ehrfurcht lauschten wir den Erzählungen aus längst vergangenen Tagen.

Die reiche Sagenwelt unserer deutschen Heimat genährt aus der Fantasie des einfachen Volkes, geprägt von tiefen religiösen Gefühlen, den alten Weisheiten und Sitten und nicht zuletzt bestimmt durch den Glauben an das Gute in der menschlichen Seele und die Gerechtigkeit zieht uns auch heute noch in ihren Bann.

Anfangs wurden unsere Sagen immer wieder als gesprochenes Wort von Generation zu Generation gestaltet und weitergegeben und schließlich aufgeschrieben.

Dennoch hat es, meines Wissens, nie einen umfassenden Versuch gegeben, diese Zauberwelt in Verse zu kleiden.

Mit meinem vorliegenden Büchlein richte ich mich an alle, die sich gern, getragen von meinen Reimen, in die deutsche Sagenwelt entführen lassen.

Frank Strehle,

Herrenberg im Juni 2020.

Rübezahl

Durch Wälder und Täler, über Flüsse und Höh'n da
fegen des Nächtens die Stürme dahin.

Und belacht am Tage die Sonne das Land,
dann grüßen die Wälder in silbern Gewand.

Der Wanderer, der die Gegend bereist,
erfährt, dass sie Riesengebirge heißt.

Hier streift der rastlose Berggeist durchs Land,
über das er hält seine schützende Hand.

Von den Gipfeln steigt er hinab in das Tal,
man flüstert: "Es kommt der Rübezahl!"

Das Riesengebirge, es ist sein Revier,
wer Frevel hier treibt, den straft er dafür.

Den Bedrängten hilft er in Not und Gefahr,
treibt Schabernack, wird er Hochmut gewahr.

Doch Launen sind's statt Gerechtigkeit,
die treiben den Berggeist von weit nach breit.

Da glaubte er, von Rüben und Gold,
das schöne Kind es wäre ihm hold.

Nein, ihre List erkannte er spät,
denn die Zahl der Rüben, die er ihr gesät,

er konnt' ihr's nicht sagen, er wusste es nicht.
Und als er sie zählte, verschwand ihr Gesicht.

Es gab ihm der Hohn seinen lustigen Namen,
doch die, die ihn riefen, bald Ärger bekamen.

Vor allem die Pfaffen bewarfen mit Spott,
den Geist, der nicht glich ihrem himmlischen Gott.

In den Herzen der Menschen am seligen Ort,
war der Berggeist älter als das biblische Wort.

Als einst ein Mönch die Berge durchstreifte,
zu sammeln, was alles im Walde so reifte,

ein Hutzelweibchen den Weg ihm verkreuzte
und frierend nach warmer Barmherzigkeit seufzte.

Die Liebe Gottes konnt' ihr der Mönch nur preisen,
doch reichten der Alten die himmlischen Speisen?

Die irdischen Gaben vom Garten des Berggeist'
die hätte der Fromme gern selber gespeist.

Und während der Mönch ihr die Segnung erteilte,
in Selbstherrlichkeit und Hochmut verweilte,

entfuhr es der Alten wie Wunsch oder Fluch
"Der Rübezahl hol dich mitsamt deinem Buch!"

Kaum hatt' sie's gesprochen, hob an ein Getöse
sie ahnte, für den Mönchen wird es jetzt böse.

Doch jener höhnte mit törichtem Spott
"Es sträubt sich der Popanz gegen unseren Gott!?"

Just packte die Kutte des Mönchs eine Faust,
sie riss ihn empor, er fühlt' sich gezaust!

Ein Hüne, der Gott nicht mal ähnlich sah,
vergriff sich an ihm, was nun wohl geschah!

Den Zorn des Berggeist' in wildem Gerauf
hielt auch des Mönches Gott nicht mehr auf.

Das Kräuterweib mit vergnügter Freude
bezeugte, wie schnell dem Mönch es gereute.

Aus Hohn wurde Furcht, aus Hochmut Gehorsam.
Die Prügel des Berggeist' sie wirkte wie Balsam.

So ereilte dem Mönch eine praktische Lehre:
auf das man im Leben die Menschen verehre...

Einst kam ein Krämer in der Gegend daher,
die Last die er trug, sie drückte ihn schwer.

Als arglos sinnend beschritt er den Steg,
da verstellten zwei Burschen dreist seinen Weg.

Sie drohten ihm rüde, frech fordernd sein Bares.
Der Händler erschrak, er ahnte Furchtbares.

Ach, wehrlos den Räubern verfallen im Walde,
vergeblich die Stimme im Walde verhallte!

Schon schwangen die Burschen drohend mit Knüppeln,
dem Krämer sein Gut aus den Kleidern zu schütteln.

Doch plötzlich, als ob Leben die Knüppel durchströmte
und ein fernes Grollen vom Himmel her dröhnte,

begannen die Knüppel von selbst an zu tanzen
und schlugen den Burschen gewaltig den Ranzen.

Sie wehrten sich mit hilflosen Armen,
doch die Knüppel tanzten ohne Erbarmen.

Da begannen die Beine der Räuber zu laufen,
denn ungleich war's, mit den Knüppeln zu raufen.

Dem Händler erschien's wie ein Wunder, oh Dank!
Aus Ehrfurcht er auf die Knie sank.

Ein Aufwind sprang von Tann zu Tann
und der Krämer sich auf Rüb'zahl besann.

Die Rosstrappe

Auf ihrem Schimmel hoch und stolz
ritt sie in keuscher Freude
durch Harzens Wald und Unterholz,
still winkten ihr die Leute.

Brunhilde hieß das Königskind
und schön war sie zu schauen.
Schlug Vaters Warnung in den Wind:
„Bleib fern von Bodos Klauen!"

Der Riese war ein arger Wicht,
führt' Böses stets im Schilde.
Dem König schrie er ins Gesicht,
dass er begehrt Brunhilde.

Dann eines Tages mild und warm
lag Bodo auf der Lauer,
er kannte keinen edlen Charme
ward grimmig auf die Dauer.

„Im Walde hier werd' ich sie fangen
ganz ohne lästig Zeugen.
In meinen Bann soll sie gelangen,
sich meinem Willen beugen!"

Schon naht Brunhilde dem Versteck,
in dem der Böse lauert.
Er springt hervor, verstellt den Weg,
dass ihr es schrecklich schauert.

Schnell fasst sie sich, ihr Sinn ward klar,
sie gab dem Ross die Sporen.
„Nur Flucht kann retten, das ist wahr!
Noch bin ich nicht verloren."

Wild folgte Bodo ihrer Spur,
sie sollt' ihm nicht entrinnen.
So ging die Jagd durch Wald und Flur,
kaum Zeit, sich zu besinnen

Brunhildes Vorsprung schmolz dahin,
schon konnte sie ihn hören.
Sein Grölen voll von höhnisch Sinn
sollt' ihren Trotz zerstören.

Noch glich die Jagd dem tragisch Spiel,
dem Unhold zu entkommen,
doch plötzlich zweifelt' sie am Ziel,
am Abgrund angekommen.

Wild rauscht der Fluss durchs tiefe Tal!
Im panischen Entsetzen
ergreift ihr Herz die Schicksalswahl,
zum Sprunge anzusetzen.

So ward das Spiel ein Todeskampf.
Das ahnte auch ihr Schimmel.
Er flog mit aller Kraft und trug
Brunhilde nun gen Himmel.

Mit kräftig Wucht, doch unversehrt,
am Felsen gegenüber
landete ihr edles Pferd.
Sein Hufschlag schrieb es nieder.

Der Abdruck tief im Fels geprägt,
ist heute noch zu sehen:
Rosstrappe vom Volk genannt,
still zeugt sie vom Geschehen.

Auch Bodos Rappe sprang mit ihm,
man musste es vermuten,
die Gier hatte getrieben ihn,
er stürzte in die Fluten.

Brunhildes Krone fiel indes,
der Fluss hat sie verschlungen.
Sie liegt bewacht im Totenbett
von Bodos Seel' besungen.

Rotkopf Görg

Der Abend war spät und müde der Schritt,
als Georg der Rotschopf den Heimweg antritt.
Geschultert die Fiedel, ein Lied noch im Ohr,
die Bäume im Windberg säuseln im Chor.

Düstre Wolken löschen des Mondes Licht,
Bangen gräbt sich in Georgs Gesicht.
Und plötzlich im Dunkeln da machte er halt,
oh Schreck, eine bärtige Mützengestalt.

Wunderlich tönte des Kobolds Bitte:
„Komm mit mir, spiel Fiedel gemäß uns'rer Sitte.
Sag niemals und keinem ein einziges Wort,
so lange du weilst am heiligen Ort!"

Der Rotschopf erschrak, starrt angstvoll darein.
„Wenn du tust, was ich sag, soll's dein Schade nicht sein."
Der Berggeist weist drängend und tippelt voran.
„Folge mir, Rotkopf, nur hurtig, wohlan!"

Zauberhaft öffnet sich plötzlich der Berg,
„Fürchte dich nicht, tritt ein!" ruft der Zwerg
Im Glanze der Lichter strahlt Prunk und Pracht,
die Zwerge feiern die Windbergsballnacht.

„Schwarz ist die goldene Seele im Berg,
sie zu wahren ist unser heiliges Werk.
Doch heute, spiel Georg zum Tanze uns auf!
Streich, Bogen die Fiedel im lustigen Lauf!"

Ei, hell klingt der Fiedel süßer Schall,
es tanzen die Zwerge den Sommernachtsball.
Gefällige Weisen wundersam fein
singt Georgs Fiedel wie fast von allein.

Doch Frohsinn und Lust verebben schon bald,
die Stimme der Fiedel im Saale verhallt.
Die Beine ermattet vom Windbergsballtanz,
die Zwerge verschwinden, erlöscht ist der Glanz.

Der Berggeist tritt fragend an Georg heran,
„Den Lohn für dein Spiel, just sag ihn uns an!"
Schweigend zieht Georg vom Kopfe den Hut,
der Berggeist füllt ihn mit roter Glut.

Enttäuschung steigt in des Rotschopfs Gesicht,
der Hut wird nicht heiß, doch schwer im Gewicht.
Rasch atmend hastet er hurtig nach Haus',
den Hut in den Händen, die Angst hält ihn aus.

Hinter trautem Heim, erfüllt nun mit Mut,
leert Georg der Rotschopf den schweren Hut.
Voll Zweifel schaut er die glühenden Kohlen.
„Was nützen sie mir? Soll der Teufel sie holen!"

Im Bette dann ward die Decke ihm schwer,
Schauder und Ängste quälten ihn sehr.
Der Morgen kam schnell von Neugier gefüllt,
entschwunden die Nacht geheimnisumhüllt.

Vergeblich sucht' er am Hut Brandes Spur,
ein goldener Taler dem Futter entfuhr!
Rasch lief er hinter des Hauses Mauer.
Ein Häufchen Asche verblieb unterm Schauer.

Ihn narrten die Zweifel, jetzt sah er's sofort:
Gold war sein Lohn, der Berggeist hielt Wort!
Doch während des nachts der Zauber verblühte,
indes die Kohle zu Asche verglühte.

Und später springt 's dann von Mund zu Munde
des Rotkopf Georgs wunderlich Kunde.
Im Windberg da graben die Leute schon bald
Nach Rotkopf Görgens schwarzem Gold.

Der Rattenfänger von Hameln

Durch Hamelns Gassen, hoch von Wuchs,
in bunten Kleidern wie ein Narr,
mit weiten Schritten schritt er flugs,
war anzuschauen sonderbar.

Er drängte bald zum Rathaus hin,
hier Bürger und Patrizier warten,
in Schaudern und mit bangem Sinn
der gräulich Rattenplage harrten.

Sie hofften auf des Fremden Wort,
die Stadt rasch zu erlösen
vom Fluche, der umfing den Ort,
vom Schicksalsschlag, dem bösen.

Längst lauern Pest und Typhustod
in Hamelns ärmlich Gassen.
Die Ratten sind der Quell der Not!
Doch wie soll man sie fassen?

Schalk flog dem Fremden ins Gesicht.
„Den Fall den überlasset mir,
das Ungeziefer bring ich fort!
Doch welchen Lohn zahlt Ihr dafür?“

Die Not war groß, kein Preis zu hoch,
das Rattenübel sogar peinlich.
Erfolg den brauchten alle doch,
schnell wurde man sich einig,

Drauf lief der Fremde durch die Gassen,
lies seine Flöte singen -
in wundersamen Tänzelschritten
gleich Maus und Ratte springen.

Es folgte ihm die ganze Schar
wie ein Spektakel wundersam,
die Ratten folgten, es war wahr,
der Rattenfänger schritt voran.

Dämonisch zog der Zug vorbei
am eitlen Rathaus der Patrizier,
voll Staunen gafft' die Bürgerei
denn so was gab's noch nie hier.

Im Bann der Flötenmelodei
strebten die Ratten aus der Stadt,
und runter ging's zum Weser Kai,
oh, hier ihr Tod gewartet hat.

Dem Rattenfänger folgten sie,
ersoffen in den Fluten,
vernichtet all das lästig Vieh,
wer sollte es vermuten?

Frohlockend nach getanem Werke
der Rattenfänger forderte
den redlich Lohn der ihm gebührte
und wie die Stadt ihn orderte.

Die Bürger sah'n in Hamelns Rathaus
den Fremden mit Befremden an,
wo Ehrbarkeit sonst herrscht' durchaus,
wollt' niemand sich erinnern dran.

So prellte man den Fremden arg,
verweigerte den billig Lohn,
aus Gier die Abmachung verbarg,
sie schenkten ihm nur ruchlos Hohn.

Wut und Enttäuschung füllten ihm,
das Herz und seine Seele,
ach, zornig Rachsucht lag darin
und schnürte ihm die Kehle.

Auf stolzen Beinen schritt er fort,
nur seine bunten Kleider lachten.
Wie hasste er jetzt diesen Ort,
wo Neid und Undank wachten!

Nun kam es, daß nur wenig später,
vielleicht warn´s ein paar Wochen,
der Fremde kehrt' erneut zurück,
ans Tor der Stadt zu pochen.

Heut' lachten seine Kleider nicht,
sie zeigten ihn als Jäger.
Niemand erkannte sein Gesicht.
Sein Plan enthüllte sich erst später...

Es war am siebten Tag des Herrn,
die Bürger in St. Nic'lai sangen.
Ein süßer Ton mischt' sich von fern,
war schon im Kinderohr gefangen.

Heut' weder Maus noch Ratte ruft
des Jägers magisch Flötenspiel.
Ein böser Streich lag in der Luft:
Das Kindersammeln war sein Ziel!

Und so, wie einst die Ratten folgten,
taten´s nun die Kinderlein.
Der Fremde zog aus Hameln fort,
doch diesmal ging er nicht allein.

Wie eine unsichtbare Schnur
verband sein Flötenspiel die Kinder.
Sie strömten durch das Ostertor,
der Fremde freute sich nicht minder.

Der Koppenberg verschluckte dann,
die Kinder dieser tragisch Stadt,
Kein' Zeugen gab's, der irgendwann
ihr Schicksal je bekundet hat.

Wie der Schneider den Teufel überlistete

Vor langer Zeit da lebte still
in Soest ein armer Schneider.
Durch Krankheit und so manch' Unbill,
wuchs seine Armut weiter.

Oft schaute er sein traurig Weib
voll Seelenschmerz in Tränen,
die Kinder, sich mit hungrig Leib,
nach einem Brotstück sehnen.

An einem Abend sonderbar,
er saß und flickte Kleider.
„Das Leben ist zu grausam gar!",
so seufzt' der arme Schneider,

„Ein wenig Geld wollt' ich nur gern,
würd' selbst dem Teufel dafür dienen,
hielt so die Armut von uns fern,
die uns hart Schicksal hat beschieden."

Kaum endete sein sündig' Wort
da tönt' es klopfend an die Tür.
Es graute ihm, er reut' sofort,
mit Schreck ahnt' er das Tier davür.

Doch eintrat ein gar nobler Herr,
gekleidet wohl in feinem Tuche.
Der Schneider kannt' ihn nicht, woher,
weshalb er ihn denn hier besuche?

Auch war die Stunde weit voran
und nicht des braven Bürgers Zeit,
doch sprach der fremde Herr ihn an
gefällig und mit Höflichkeit:

„Du rief'st nach mir, ich hört' es gern,
dein Ton war klagend und verzagt,
allein ich kenn' des Übels Kern,
will dir gern helfen, wie gesagt."

Der Schneider war rundweg verblüfft,
ein flüchtig Schauder ließ ihn frösteln,
oh, was den Beelzebub betrifft,
da musste man mit Vorsicht nesteln.

Er fasste Mut und gab sich furchtlos,
natürlich brauchte er das Geld,
und hätte er des Teufels Pfand bloß
der Ausweg wär' ihm nicht verstellt.

Der Teufel hat's sogleich gespürt,
ein sündig Seel war hier zu holen.
Der arme Tropf hat ihn gerührt,
das Geld bracht' er ihm, wie befohlen.

„Hier, lieber Schneider, nimm das Geld,
das ihr zum Leben habt so nötig.
Oh nein, um alles in der Welt,
für ganze zehen Jahre leih' ich's."

Ein voll gehäuftes Maß mit Gulden
strahlt' vor des Schneiders glänzend Blick
„Es wiegen deine läppisch Schulden:
Will nur gestrichen Maß zurück!

Doch kannst du nach dem zehnten Jahr,
mir deine Schulden nicht begleichen,
so hol' ich dich und deine Schar,
dann gibt's für euch gar kein Entweichen!

Was schaust du mich so skeptisch an?
Scheint dir mein Vorschlag nicht ganz ehrlich?"
Der Schneider dacht' nur kurz daran,
‚Selbst der gehäufte Teil wär' herrlich!'

„Oh Teuflischer, nur nicht so stürmisch!
Dein Handel scheint mir noch nicht klar."
Des Schneiders Blick schaut dabei schelmig.
„Warum die Frist von zehen Jahr?

Wenn ich die Gulden eher hab',
darf ich die Schuld dann früher tilgen?"
„Oh ja, natürlich, Schicksalsgab
würd' dich von unser'm Pakt entbinden!"

Genau das wollt' der Schneider hör'n.
Sein Scharfsinn gab ihm die Idee,
der Teufelspakt sollt' ihn nicht stör'n,
wenn dieser Zusatz gilt per sé.

Drauf sprach der Schneider, „Wenn's so ist,
soll unser Handschlag Siegel sein!"
Im Sinne dann die eig'ne List,
sie schlugen in den Handel ein.

Der Pakt war gültig und sofort
der Schneider strich mit seiner Elle
die überständ'gen Gulden fort
und fallend sammelt' er sie schnelle.

Es waren ihrer reichlich noch,
sein böses Schicksal nun zu wenden.
Verblüfft schaut jetzt der Teufel doch,
gestrichen Maß in seinen Händen.

Des Schneiders List war teuflischer,
als selbst der Teufel es erahnt'.
So kam es, dass der Beelzebub
im Schneider seinen Meister fand.

Der Nix im Rabenauer Grund

Tief drunt' im dunklen Grunde,
in Weißeritzens Bett
so weiß es Volkes Munde
haust' einst ein Nix gar nett.

Vor nichts tat er sich schrecken
im Nixendump so tief,
vor Kraft tat er sich recken,
es sei denn, dass er schlief.

Von Rabenau nach Lübau
die Steigung, die war groß,
dort lag der Nix im Frühtau,
denn müßig war sein Los.

Und plagten sich die Karren
mit schwer belad'ner Fracht
dann wollt' er nicht verharren
und half mit magisch Kraft.

Die Bauern ahnten lang' nicht
wer dieser Reck' wohl sei.
Verblichen ward sein Ang'sicht
kaum war das Werk vorbei.

Schon anders sprühte das Gemüt
des holden Töchterleins,
wo irdisch Rausch und Lust geblüht,
da fühlte sie sich Heims.

Ergötzlich nett fand sie es dann,
sich unters Volk zu mischen.
Im lauten Trubel keck sie schwamm,
statt unter stummen Fischen.

Und als die lust'ge Fiedel spielte
in Lübaus Saal zum Tanze,
das schöne Kind vergnüglich fühlte
die Beine statt dem Schwanze.

Ihr' Anmut und des Tanzes Spaß
den Bauernburschen wohl gefiel,
selbst wenn ihr Rocksaum stets blieb naß
und auch ihr Herz schlug kühl.

Den Heinrich, einen Burschen derb,
das Nixlein sehr verwirrte.
Vom süßen Reigen gar betört,
er ahnt' nicht, dass er irrte.

Denn kaum schlug's zwölf an Kirchturms Uhr,
war's Nixlein grad' entschwunden.
Vergeblich sucht' sie Heinrich, nur
er konnt' sie nicht erkunden.

„Beim nächsten mal soll's besser geh'n!"
Das schwor sich Heinrich innig.
„Selbst wollt' sie meiner widersteh'n,
dann lass ich sie gar wenig!"

Schon ward's ihm wieder mal vergönnt,
in seinem Arm zu wiegen,
das schöne Nixlein ungehemmt,
heut musste er sie kriegen!

Bald drängt' die Stunde rasch herbei,
den Tanz wohl zu beenden,
doch scheint's wie böse Zauberei:
Im Dump tat sie verschwinden.

„Wie war's nur möglich", dachte er,
„dass hier, in nassen Gründen,
das Mägdlein, das ich mag so sehr,
so schaurig tat verschwinden?"

Enttäuschung kroch ins schlichte Herz,
er fühlte sich verschmäht.
Gar tief saß ihm der Liebesschmerz,
nur List war, was jetzt zählt!

Beim dritten mal da wollt' er dann
Das Nixlein überraschen.
Mit Wollust dachte er daran,
am Ufer sie zu haschen.

Früh strebte er vom Tanze weg,
am Fluss sich zu verstecken,
hier führte Nixleins nächtlich Weg
vorbei an dichten Hecken.

Schon spannten Zweifel seine Brust,
ob wollt' sein Plan gelingen,
da hörte er mit schwellend Lust,
ein wunderliches Singen.

Das Nixlein nahte sanft heran,
vom Tanze noch beschwingt.
Ihr Haar im Winde wundersam
wie feine Saiten klingt.

Noch ahnt' sie nicht des Heinrichs List,
am Ufer sie zu packen,
doch just am Orte, wo er sitzt,
ein Ästlein wollte knacken.

Jäh fühlte sie mit wachem Sinn
die nahende Gefahr,
schon drängte sie zum Wasser hin,
als Heinrich griff ihr Haar.

Doch als sie rangen wild und roh,
der Fluss sich drohend schwellte.
Die Wellen stiegen plötzlich so,
dass Heinrich sich verfehlte.

Der alte Nix, es war sein Werk,
tat seine Tochter retten,
zog beide mit den Fluten weg,
tief in des Flusses Betten.

Zu spät erkannt' der Bauernbursch
die letzte nasse Stunde,
sein' Hochzeit mit dem Nixelein
auf Weißeritzens Grunde.

Den Heinrich, das weiß jedes Kind,
hat's Hochwasser verschlungen,
und wenn wir dann mal heiter sind,
wird's Lied vom Nix gesungen.

Tannhäuser

Man hört' des Ritters Minnesang,
getragen, sanft und leise.
Im Ohr Elisabethens klang's
auf lieblich süße Weise.

Landgraf Herrmann, der ihr Oheim,
liebte des Gesanges Kunst.
So lud er gern zum Wettstreit ein
und schenkte manchem seine Gunst.

In der Wartburg dunklen Sälen
schallten helle Lieder wider.
Ritter, Sänger sollten wählen
das schönste aller Minnelieder.

Ein armer Ritter fand sich auch
im Kreis der Kandidaten.
Als Tannhäuser war er bekannt,
kein Muster für Soldaten!

Der süßen Freiheit Müßiggang,
fürs Würfelspiel ein fein Gespür,
und ein Talent im Minnesang.
Sein Schwert gab er gern her dafür.

Er zog ihn vor, den Harfenklang,
den Musen wollt' er dienen,
bei Wein und Weib und froh Gesang,
nicht fleißig wie die Bienen.

So kam's auf Wartburgs Sängerstreit
zum Stelldichein der Liebe.
Ein zartes Pflänzchen schon gedeiht,
im Herzen von Elise.

Auch Tannhäuser, der es begoss
mit seinen süßen Weisen,
fühlt' wie's ihm heiß durchs Herze schoss,
es konnt' nur Sehnsucht heißen.

Ach, war die Wand des Standes hoch,
Tannhäuser würd' sie nie erklimmen.
So blieb die Liebe unerfüllt,
nichts wollte ihn besinnen.

Verbitterung stieg in sein Herz.
Sie führte ihn in dichte Wälder,
wo Einsamkeit vertreibt den Schmerz,
den Hader mit sich selber.

Und plötzlich hört' sein feines Ohr
den lieblich Klang oh, feiner Stimme.
Ist es der Englein tröstend Chor,
der ihm versüßen will die Sinne?

Aus dunklem Felsen drang der Klang.
Ihn zieht es hin, geführt von Neugier:
Ein heidnisch Mädchen, welches sang,
betörte ihn mit fesselnd Zier.

Es war Frau Venus, die ihn lockte
mit ihren Reizen sinnlich schön,
dem Tannhäuser der Atem stockte.
Hier konnt' er nicht vorübergeh'n.

Die Zeit im Hörselberg begann,
für Tannhäuser ein sündhaft Leben.
Im Rausch der Lust war er als Mann
von Liebeslockungen umgeben.

Frau Venus hatte ihre Lust
mit Sinnlichkeit und Fleischesfreuden.
Der Ritter lag an ihrer Brust
es sollt' so sein zu allen Zeiten.

Doch bald schon war's dem Ritter leid,
es füllte ihn mit müßig Leere.
Frau Venus sah's mit Bitterkeit,
dass er sich nun von ihr abkehre.

Erst wollt' sie ihn nicht gehen lassen.
Doch das Versprechen gab er hier,
sollt' ihn die Reue je erfassen,
dann wird er kommen nur zu ihr.

So zog er los zum Papst nach Rom,
die Sünden sollt' er ihm vergeben.
Um Gnade bittend rang der Sohn,
allein vergeblich blieb sein Streben.

Des Papstes Zorn ward unversöhnlich,
als er des Ritters Sünden hört,
die lasterhaft und heidnisch!
So rief er wütend aus und schwört:

„Für deine sündhafte Verfehlung
gibt es kein göttliches Verzeih'n.
Nun hör sie recht meine Empfehlung:
Verdammt auf ewig sollst du sein!

So wie vom trocknen Kreuzstab hier
nie wieder grüne Zweige treiben,
so weder Gott, noch Mensch, noch Tier,
nie mehr dir wird vergeben!"

Und voller Wucht rammt' er das Holz
ins Beet der roten Rosen.
Dem edlen Ritter bangen soll's
vom Kirchenbann verstoßen.

Voll Bitterkeit und ohne Hoffnung
zog der Verfemte nun von dannen.
Zurück ging er zum Venusberg,
sich selbst wollt' er verbannen.

Jedoch hob schon am dritten Tag,
der Kreuzstab an zu grünen!
Getränkt durch Gottes Liebeskraft,
sollt' es den Papst versöhnen.

„Oh Wunder Gottes, welche Macht,
dem Ritter sei's vergeben!"
So sprach der Papst in jener Nacht:
„Die Welt soll es erleben!

Ihr Diener meines Reiches, eilt,
den Tannhäuser zu finden!
Die Gnade, die ihm Gott erteilt,
will ich ihm nun verkünden."

Vergeblich suchten sie den Ritter.
Nie ward er jemals mehr geseh'n!
Nie hört' man mehr die Minnelieder,
des Tannenhäusers so wunderschön.

Der Klabautermann

So wie das Nest der Schwalbe klebt
am steilen Hang über den Wogen,
so zwängt sich Classens Fischerhaus
im Kreidefels hoch droben.

Jan Classen war ein armer Fischer,
stolz und trotzig wie das Meer,
furchtlos und voll Eigensinn,
ja, übermütig war er sehr.

Höhnisch grinsend stierte Jan
auf die Brandung in der Tiefe,
aus sich'rer Höhe und im Wahn,
der sich im Frevelmut verliefe.

Sein Weib, die Helge, war ihm hold,
hielt Haus und Wirtschaft redlich.
beim Fischzug half sie wiederholt,
so schritt ihr Leben friedlich.

Trotz harter Arbeit und Entbehrung
beklagten sie ihr Schicksal nicht,
nur eines führte zur Verzehrung:
kein Kindersegen war in Sicht.

Als eines Morgens Helge kam,
zur Quelle Wasser holen,
ein Knabe spielte da einsam
und schaute sie verstohlen.

Gar wunderlich schien dieses Kind
und niemandem gehört' es,
auch war es weder taub noch blind
verstehen konnt' es alles.

„Wie heißt du und wo kommst du her?"
Die Antwort klang wie „Bautzmann"!
Da lachten Jan und Helge sehr,
ob jemand denn so heißen kann!

Die beiden fanden nicht heraus,
wem dieses Kind gehöre.
So riefen sie es einfach Klaus,
sie nahm's als die eig'ne Göre.

Der Kleine war kein hübsches Kind,
doch äußerst schlau und listig.
Auf krummen Beinchen, so geschwind,
fremdartig gar, fast hässlich!

Doch störte das die beiden kaum,
selbst Helges Mutterherz erwachte.
Den Zeichen gaben sie nicht Raum
und Jan die Warnungen verlachte.

Der kleine Klaus war sehr geschickt,
half schon beim Fischfang auf der See,
vor Wind und Wellen nicht erschrickt:
Das Kind ein Kind nicht ist, oh weh!

Das Lied der Brandung summte still,
die See schlief ruhig noch um Rügen.
Nur Möwen schrien manchmal schrill,
doch diese Stimmung sollte trügen!

So ahnten sie ihr Schicksal nicht,
und Monate zogen ins Land.
Der rüde Herbst kam schon in Sicht,
indes der Sommer leis' verschwand.

Die Tage schrumpften mehr und mehr,
mit Nebel füllten sich die Nächte.
Manch' Stürme peitschten übers Meer.
Es grollten so die bösen Mächte.

Jan Classen zog mit breiten Nüstern
den Duft von Fisch und Seetang ein.
Sein' stolzen Blick konnt' nichts verdüstern,
wem sollt' er nicht gewachsen sein?

Nun jede neue Fahrt aufs Meer
bracht' Bangen, Furcht und Grauen.
Helges Angst wuchs immer mehr,
aufs Glück allein wollt' sie nicht bauen.

„Es ist nicht gut im Boot allein,
nimm mich doch mit aufs Meer hinaus,
dir bei Gefahr zur Hand zu sein,
doch besser noch, bleib heut zu Haus!"

Auch Klaus wollt' heute mit dabei sein,
durchtrieben blitzten seine Augen.
Doch Jan blieb hart und fuhr allein,
die beiden konnten ihm nicht taugen.

Zunächst schien Jan die Gunst gewogen,
mit harter Hand brasst' er die Rah.
Vorm Bug zerteilten sich die Wogen,
er bald die Küste nicht mehr sah.

Den ganzen Tag schon Helge suchte
den Bengel, der verschwunden war.
Vor Unruhe sie sich verzehrte,
Wo Klaus nur blieb, wie sonderbar?!

Auch als zum Ufer sie dann lief,
voll Angst und Kummer um die Zwei,
vergeblich schaute sie und rief,
kein Klaus, kein Jan, kamen herbei!

Verzweifelt viel das arme Weib
am warmen Ofen auf die Bank.
Ein tiefer Schlaf griff ihren Leib,
ihr Geist in bangem Traum versank.

Sie sah ganz deutlich ihren Jan
im Boot auf wilder See im Sturm.
Erst brach das Ruder, oh und dann
ein schwaches Licht am Bug ganz vorn.

Die Blanken ächzten laut und böse,
jetzt hörte sich's wie kichern an!
Das Boot wird kentern im Getöse!
War bei ihm der Klabautermann?

Sie hatte viel von ihm gehört,
im sinkend Schiff, so wusste sie,
dieser Kobold schaurig johlt,
bis alle dann ertrunken sind.

Wenn abends, schwätzten so die Alten,
dann hatte Jan sie stets verlacht.
Doch wenn die alten Sagen galten,
so kam das Unglück diese Nacht.

Jetzt Helge sah den kleinen Wicht
im Vorderteil vom Fischerkahn.
Höhnend schwenkte er sein Licht,
schon fängt der Kahn zu sinken an.

Immer höher schäumt die Gischt,
der Kobold jauchzt, es dröhnt und kracht,
sie sah nun deutlich sein Gesicht:
Es war der Bautzmann, der da lacht'!

Kein kindlich Wesen war das mehr
das nun Jan Classen mit sich nahm.
Die Ahnung packte Jan jetzt schwer:
Ihn hatte der Klabautermann!

Doch dieser schrie, „Nicht ich war es,
der dich in dieses Schicksal trieb,
dein wilder Trotz und Hochmut warn 's,
dir deshalb keine Wahl verblieb!"

Jan sah es ein, es reute ihn,
vor Kälte starr die Glieder,
gab er sich seinem Schicksal hin,
verzweifelt sank er nieder.

Doch plötzlich wurde Helge wach
vom bösen Traum getrieben.
Zum Strand lief sie, es war schon Tag!
Wo Jan und Klaus wohl blieben?

Sie wusste nicht, wie ihr geschah,
war's Wahrheit oder arges Trugbild?
Als sie das Wrack am Ufer sah,
ein Schrei entfuhr ihr roh und wild.

Dann sah sie einen Körper liegen,
Jan Classen war's, er lebte noch!
Sie spürte ihre Seele fliegen,
welch' Freude ihr ins Herze kroch.

Der Pfennig-Pfuhl bei Dahme

Der Graf von Dahme lebte reich
vom Reichtum aus dem Morgenland,
den er gestohlen hat dem Scheich
mit Gier und schwertbewährter Hand.

Doch in kreuzritterlicher Art
ließ er dem Scheich sein Töchterlein,
so blieb dem Scheich die Pein erspart,
wofür er gab ein Kästelein.

Zwei Pfennige lagen darin,
ein gülden und ein eiserner.
Der Scheich erklärte ihm den Sinn,
der Graf nahm's an und dankte sehr.

Den gülden Pfennig sollt' er spenden,
wenn ihm ein großes Unglück droht.
Den eisern' Pfenning sollt' er wenden
im Kästchen, selbst bei größter Not!

Des Grafen Heimkehr kam nach Jahren,
fand seine Tochter jung und schön.
Doch mußt' er Schreckliches erfahren:
Ein böser Zauber rafft' sie hin!

In jeder Nacht geschah das Böse,
besessen s sie wie im Wahn.
durchs Zimmer tobt' sie mit Getöse,
zerschlug, was ihre Hand bekam.

Des Grafen Herz mocht' spröde sein,
doch sollt's an diesem Leid zerbrechen?
Berühmte Ärzte ließ er ein,
doch keiner konnt' die Tochter retten.

Reichtum, Ehr und irdisch Macht,
das alles half dem Grafen nicht,
die Krankheit fraß die Tochter sacht,
voll Kummer schaut' er ihr Gesicht.

Und weil im Schloss sie konnt' nicht bleiben,
ein Gartenhaus ward ihr gebaut,
beim Spiel die Zeit sich zu vertreiben,
wo's keiner hört, da tobt sie laut.

Es trug sich zu in dieser Zeit,
dass Musikanten war'n im Schloss.
Auf spielten sie zum Festgeleit,
was auch den Grafen nicht verdross.

Doch kaum als die Musik verstummte,
sein Herz zu weinen just begann
und Schmerz quoll aus der Seelenwunde.
Ein bucklig Geiger trat heran.

"Herr Graf, Ihr schaut so traurig drein,
werd' Euch den Abend noch vergrämen!
Seid nicht mit Eurem Schmerz allein,
wollt' Ihr mir nur den Gram erzählen."

Es hob des Grafen Stimme an,
in zittrig und gebroch'nem Ton.
Leis' sprach er von des Tochters Wahn.
Des Geigers Herz verstand es schon.

"Habt Mut, Herr Graf, ich werd' sie heilen,
nur einen Wunsch hab' ich dann frei!
Ihr braucht Euch deshalb nicht beeilen,
bin wieder da, wenns Jahr vorbei.

Doch bringt das kleinste Goldstück schnell,
was Ihr in Eurem Schloss könnt' finden!"
So wollt's der buckalige Gesell,
um Tochters Unglück abzuwenden.

Die Dienerschaft auf flinken Füßen
bracht' Gold und Gulden rasch herbei.
Den bucklig Geiger aber ließen
die großen Gulden einerlei.

Es sollt' die kleinste Münze sein,
er ahnt' es doch, es muß sie geben!
Da fiel dem Graf das Kästchen ein,
in dem die Pfennige noch liegen.

Den gülden Pfennig in der Hand
der bucklig Geiger wie im Sturm,
erklomm, gleich einer Gams gewandt,
des Schlosses allerhöchsten Turm.

Mit Wucht warf er ihn weit hinaus.
Der Pfennig flog in hohem Bogen
und schlug aufs Dach vom Gartenhaus,
in das die Tochter umgezogen.

Gottlob, von Stund an jeder sah,
des Grafen Tochter ward gesund.
Ein Wunder war's, was da geschah,
die Kunde sprang von Mund zu Mund.

Schon ging ein Jahr, die Zeit verrann
seit jener deutungsvollen Nacht,
der bucklig Geiger wiederkam,
wie mit dem Grafen abgemacht.

"Herr Graf, mich füllt's mit Freudenglück,
seh' ich das heile Töchterlein.
Erlaubt zu spiel'n ein heit'res Stück,
erzählt von meiner Geige fein."

"Ach, bucklig Wicht sprich's grad heraus,
wie kann ich Dir Dein Werk vergelten?
Durch Dich kam Freud' in unser Haus,
wo früher alle Blumen welkten.

Gern geb' ich Dir so viele Gulden,
wie sie Dein Buckel tragen kann."
"Oh nein, Herr Graf, es wären Schulden,
das nehme ich wohl niemals an!

Nicht Gut, nicht Geld sind mein Begehren,
erlaubt, ich sollt' wohl maßvoll sein,
nach Eurer Tochter mich verzehren,
sei mein bescheid'ner Wunsch allein.

So will ich Euer holdes Kind,
ganz in Bescheidenheit zum Weibe!
Auf dass wir alle glücklich sind,
ruft sie herbei im Hochzeitskleide!"

"Oh Geiger, dreist und unverschämt!
Wie kannst du es nur wagen?!
Kennst du denn nicht den Unterschied?
Wenn du's nicht weißt, lass es dir sagen:

Das edle Blut in unsern Adern
es zu vermischen, duld' ich nicht!
Deshalb, oh Gauner, werd' ich hadern,
nein, meine Tochter kriegst du nicht!"

"So edel kann das Blut nicht sein,
bedurft's doch meiner Heilungskraft,
konnt' nicht genesen von allein,
sie wirkte hilflos Eure Macht!"

"Mir reicht nun deine Dreistigkeit,
hast meine Gunst bereits verloren!
Nimm es als meine Dankbarkeit,
lass ich dich ziehen ungeschoren."

So zog der Geiger schnell von dannen,
dem Grafen grollend und voll Hass,
denn bald schon wird er wiederkommen,
auf seine Rache war Verlass!

Und wieder zog ein Jahr ins Land.
Den Geiger hatte man vergessen.
Da bat ein Edelmann die Hand
des Grafen Tochter angemessen.

Die Hochzeit sollte baldigst sein,
geladen wurden viele Gäste.
Im Gartenhaus fand man sich ein
bei Schmaus und Tanz zum Hochzeitsfeste.

Der bucklig Geiger nun erschien.
Er fand die Burg verlassen vor,
nur eine alte Dienerin
öffnete ihm das schwere Tor.

Da hob er an in lieblich Weise,
zu fiedeln eine Melodei.
Die alte Dienerin summt leise,
sie fühlt sich frohgestimmt dabei.

Aus Dankbarkeit hätt' sie dem Geiger,
ein kleines Trinkgeld überlassen,
doch keine Münze, nichts, oh leider,
hielt sich versteckt in ihren Taschen.

In einem Kästchen, klein, aus Holz,
fand sie dann einen Pfennig.
Er war aus Eisen, nicht aus Gold.
Dem Geiger schien es mehr als wenig!

In seiner Hand ganz fest verschlossen
das Unglück der Hochmütigen,
erklomm er hurtig und entschlossen
den Turm, die Rache zu befriedigen.

So warf er dieses mal den Pfennig,
den eisernen, der Unglück bringt,
in weitem Bogen, kraftvoll, wuchtig,
auf dass die Abrechnung gelingt.

Er traf des Tochters Gartenhaus,
da wo das Adelspack sich amüsierte,
oje, vorbei der Hochzeitsschmaus,
als höllisch Donnerschlag passierte!

Das Gartenhaus samt Schloss und Sippschaft
versank auf Nimmer-wieder-sehn.
Nun ziert ein stinkend Pfuhl die Grafschaft
und zeugt vom einstigen Gescheh'n.

Der Pfennig-Pfuhl von Dahme,
geboren aus des Menschen Missgunst,
wir wissen, wie entstand sein Name,
doch lernen wir des Lebens Kunst?

Das steinerne Herz im Schwarzwasser

Im Schwarzwasserthal längst vergangener Zeiten
ein edler Herr seine Zeche versah.
Doch das Silber im Bergwerk schien auszubleiben
und die Gier des Herrn der Verzweiflung nah!

Was half's, er versprach demjenigen Knappen,
der nun eine reiche Ader fand,
ihm wollt' er den halben Anteil berappen.
Er schwor's hochheilig im Gönnergewand.

Wie emsig die fleißigen Knappen nun schlagen,
sie treiben die Stollen mit doppelter Kraft.
Es gilt nun das große Glück zu erjagen,
wohl dem, der es als erster schafft!

Doch keinem erweist sich der Berggeist hold:
An taubem Gestein ihr Eifer zerbricht.
Nur ein einziger Knappe, seiner Armut zollt,
rastlos schürft er im düsteren Licht.

Dann einmal, es war schon um Mitternacht,
als der Knappe kraftlos zu Boden sank.
Der Berggeist erschien ihm mit magischer Macht
und wies ihm den silbrig strahlenden Gang.

Am Rand der Verzweiflung erschien ihm das Wunder:
Schon sah er die Seinen frei von der Not!
Rasch rief er den Herrn in die Grube herunter,
doch jener aus Habsucht schlug den Knappen tot.

Die Gier des Herrn verschlang seinen Großmut,
dann ließ sie ihn schnell zum Mörder werden.
Die Schuld die er seinem Herzen auflud,
wog schwerer als alles Silber auf Erden.

„Trau auf Gott" hieß die Grube, die hiernach versank.
Der Berggeist nahm, was er dem Knappen gegeben.
Den Grubenherrn machten die Herzqualen krank,
es wurde zu Stein und nahm ihm sein Leben.

So sehen wir heute im Schwarzwasserthal
die Wellen umspülen sein steinernes Herz.
Und wurde erlöst der Herr von der Qual,
die Schuld und die Sühne sie tilgten den Schmerz.

Der Goldberg bei Hagen

Zu Hagen war's in alter Zeit,
man schürfte jetzt das Gold dort,
da zogen sie von nah und weit
zum Reichtum hin an diesen Ort.

Ein fremdes Weib, hochschwanger schon,
grad war sie angekommen,
wollt hier gebären ihren Sohn.
Wer hätt' sie aufgenommen?

Sie bat den Schulzen um ein Dach,
ob seiner Frömmigkeit zu Ehren.
Gott würd' es ihm vergelten, ach,
ihm seinen Segen mehren.

Den braven Schulzen schnürt' das Mitleid
in enger Brust das fromme Herz,
nahm nicht nur auf das trächtig Weib,
gab auch dem Kindlein Heim und Herd.

Der Knabe wuchs bald schnell heran,
ein tüchtig Bergmann ward aus ihm,
nun sich in ihm der Trieb besann,
den eignen Lebensweg zu geh'n.

Des Schulzens Tochter mocht' er sehr,
so bat er ihn um ihre Hand.
Allein der Schulze tat sich schwer,
sein Hochmut trübt' ihm den Verstand.

Nun war's des Schicksals blinde Gunst,
die unsern jungen Bergmann wählte,
als ihm am Wegesrand im Dunst,
ein Schatz den traurig Blick erhellte.

Welch' reiche Mitgift war das plötzlich!
Sie konnt' des Schulzens Herz erweichen,
der Bräutigam war nun ergötzlich,
man sucht vergeblich seinesgleichen.

Doch da wo zartes Glück erblüht,
gärt böser Neid rasch in der Runde.
Schon wurd' die giftig Mär versprüht:
„Der Bergmann steht in Teufels Bunde!"

Der reiche Kaufmann ließ es glauben,
gern hätt' er selbst die schöne Braut.
Dem Bergmann so das Glück zu rauben,
„Greift ihn! Schlagt ihn!" schrie er laut.

Der aufgehetzte Pöbel tobte,
kein Schwören half dem jungen Mann.
Büßen sollte der Verlobte,
in des Feuers heißem Bann!

Oh Gott, wie qualvoll war der Tod,
als der junge Leib verbrannte,
und grausam war der Mutter Not,
als sich ihr Herz im Hass entflammte.

Die Feuersbrunst erlosch nur langsam,
dunkler Rauch stieg drohend auf.
Doch plötzlich blickten alle furchtsam,
schneeweiße Tauben flogen auf.

Es war das Zeichen seiner Unschuld,
ach, alle sahn's mit Ehrfurcht an,
doch den niederträchtig Kaufmann
packten Angst und Panik an.

In einer grausig dunklen Nacht
stieg auf den Goldberg hoch empor,
die Schritte klangen schicksalshaft,
die Mutter folgte ihrem Schwur.

Mit vielen tausend Samen Mohn
war ihr schwarzer Korb beladen,
zu rächen ihren einzig Sohn
kam sie, den ganzen Ort zu schaden.

In den Goldschacht schrecklich tief
stürzt' sie sich samt ihren Samen
und einen schrecklich Fluch sie rief
gen jenen, die den Sohn ihr nahmen:

„Kein Gold mehr sollt ihr finden hier,
Verleumder, Neider, Krämerpack!
Verflucht seid ihr samt eurer Gier,
die euch die Seel' vergiftet hat!"

Oh, welch ein fürchterliches Stöhnen
erschütterte die Bergesnacht!
Es sollt' die Seele ihr versöhnen,
verschüttet ward der ganze Schacht.

So viele tausend Samen Mohn,
so viele tausend Jahre,
so will's des Fluches harter Lohn,
der Berg das Gold verwahre.

Der Fuhrmann aus Gräfenhain

In Gräfenhain zu uralten Zeiten,
lebte ein Fuhrmann geschäftig und rege.
Er lieferte Brennholz in gewichtigen Scheiten,
und bracht' es nach Pulsnitz auf waldigem Wege.

Sein vollbeladenes Pferdefuhrwerk,
es quälte sich zweimal die Woche.
Die Fuhre ging über den Keulenberg
und endete mittags im Gasthaus "Zum Loche".

Vor allem die Töpfer, sie kauften sein Holz,
das Handwerk verband sie in blühender Gilde
ihr Ruf und die Ehre machten sie stolz,
sie zahlten gut und mit barem Gelde.

So kam es einmal nach Feierabend,
als das Fuhrwerk leer und der Geldbeutel voll,
die Gäste im Gasthaus beim Biere sich labend.
Das fand auch der Fuhrmann erquicklich und toll.

Und noch viel prickelnder fand es der Fuhrmann,
die Strähne des Glückes beim Spiele zu haschen.
Schnell fand er Gesellen, die hier dann und wann
beim Poker sich füllten die speckigen Taschen.

So kam's, dass der Fuhrmann bei sinkender Sonne
den Tageserlös im Spiele verlor.
"Im müßigen Laster liegt nicht die Wonne!",
so tönt' ihm die Warnung des Weibes im Ohr.

Und während er einspannt zur Heimfahrt den Wagen,
da schellt' er sich selber 'nen törichten Narr.
Was konnt' er dem wartenden Weibe wohl sagen?
Er brauchte 'ne Ausflucht, das war ihm nun klar.

Die Dunkelheit hüllte den Fuhrmann schon ein,
als er grübelnd den Wagen zum Keulenberg lenkte.
Da gewahrt' er schattig und zwergenhaft klein
ein Wesen das grüßend die Hand nach ihm schwenkte.

Das bärtige Männchen bat innig den Fuhrmann,
ob ein Plätzchen für ihn auf dem Wagen wohl sei?
Dem Fuhrmann war's recht und eh er sich besann
sprang der Fahrgast behend auf den Kutschbock herbei.

"Wo kommst du so spät des Abends daher
und schaust dabei sorgenvoll in die Nacht?"
Da klagte der Fuhrmann sein Unglück, oh schwer,
die Torheit, die er im Gasthaus vollbracht.

"Kein Holz und kein Geld!" Da kichert' der Zwerg.
"Wie willst du's dem Weibe zu Hause erklären?
Komm, füll'n wir den Wagen am Keulenberg
mit Brennholz, so verhehlst du deine Affären.

Sag einfach, ,die Töpfer, sie brauchten kein Holz',
und so konntest du auch keins verkaufen!"
Dann sammelten beide bis die Kraft ihnen schmolz
und im Wagen das Holz sich türmte zum Haufen.

Das ächzende Fuhrwerk kam mühsam voran,
die Pferde quälten sich müd' durch die Nacht.
Schon blinkten die Lichter von Gräfenhain,
das Männchen sprang ab und hat schelmisch gelacht.

"Dank sei dir Fuhrmann, aus Gräfenhain,
von hier aus hab' ich es nicht mehr weit."
Der Zwerg verschwand, ließ den Fuhrmann allein,
Ein Käuzchen flog auf und schrie zum Geleit.

Der Wagen wurd' schwerer, die Räder versanken,
schon schien es, dem Fuhrmann ein Alptraum zu sein!
Getrieben von unruhig seltsam' Gedanken,
schlug angstvoll er auf die Pferde ein.

Doch half das alles dem Fuhrmann nicht viel.
Das Fuhrwerk kam nicht mehr des Weges voran.
Da beschloss der Geplagte so kurz vor dem Ziel,
die Ladung zu leeren, denn die Nacht verrann.

Es zogen die Pferde müde und schlapp
das leere Gespann durchs Hoftor herein.
Der Spott seiner Frau war bitter und knapp:
"Kein Geld und kein Holz, so traust du dich Heim?!"

Den Fuhrmann trieb später die Scham durch den Schlaf.
Am Morgen dann schwor er der Tugend die Treue.
Das Fuhrwerk zu säubern, so trollt' er sich brav,
den Hohn im Nacken und im Herzen die Reue.

Doch als er den Wagen von hinten bestieg,
so wollt' er den Augen nicht trauen,
wie Funkeln und Glitzern die Lüfte durchtrieb,
tat goldener Anblick die Sinne ihm rauben.

Die wenigen Splitter und Reste vom Holz,
die den Weg auf dem Wagen nach Hause fanden,
sie wurden vom Zauber des Zwerges zu Gold
und hoben den Fuhrmann zu höheren Standen.

Bald wusste man weit um den Keulenberg,
wie der Frau des Fuhrmanns das Spotten verging.
Doch niemals sah jemand wieder den Zwerg,
belohnend jenen, der das Gute beging.